D0382236

Dupuy – Berberian

Couleurs : Ruby

monsieur jean

inventaire
avant
travaux

expresso
DUPUIS

Des mêmes auteurs

Aux Éditions Dupuis
dans la série *Henriette*
Esprit, es-tu là ?

Aux Éditions Les Humanoïdes Associés
dans la série *Monsieur Jean*
Monsieur Jean, l'amour, la concierge
Les nuits les plus blanches
Les femmes et les enfants d'abord
Vivons heureux sans en avoir l'air
Comme s'il en pleuvait

La théorie des gens seuls
(collection Tohu Bohu)

dans la série *Henriette*
Une envie de trop
Un temps de chien
Trop potes

dans la série *Le Journal d'Henriette*
3 tomes parus

Aux Éditions L'Association
Les héros ne meurent jamais
Journal d'un album

Aux Éditions Cornélius
New-York Carnets
Barcelone Carnets
Lisbonne Carnets
Tanger Carnets
Le petit garçon qui n'existait pas
(texte de Anna Rozen)
Petit peintre

Aux Éditions Alain Beaulet
21 vices
(texte de Anne Rozenblat)
Joséphine

Aux Éditions Albin Michel Jeunesse
Trenet illustré

Aux Éditions Bayard Jeunesse
Poésies

Aux Éditions Reporter
Les Montparnos
Nectars

Aux Éditions Beeld Beeld
Bicéphale

Aux Éditions Le Neuvième Monde
F

Aux Éditions du Seuil
Les souris ont parfois du mal
à gravir la montagne
(texte de Vincent Ravalec)

Aux Éditions Prima Linea
Les cahiers de Pierre Mac Orlan
— Les souvenirs de la nuit

Aux Éditions Sans Titre
Sans titre

Aux Éditions La Sirène
Tout n'est pas rose
(texte de Anne Rozenblat)

Aux Éditions Michel Largarde
Dupuy-Berberian illustrent
Chantal Thomass

Aux Éditions Comixland
Le chat bleu

Aux Éditions Audie
Graine de voyous

Aux Éditions Milan
Klondike

Merci à Anne pour le titre.

Dépôt légal : septembre 2003 — D.2003/0089/185
ISBN 2-8001-3385-6 — ISSN 0772-4276
© Dupuis, 2003.
www.dupuis.com

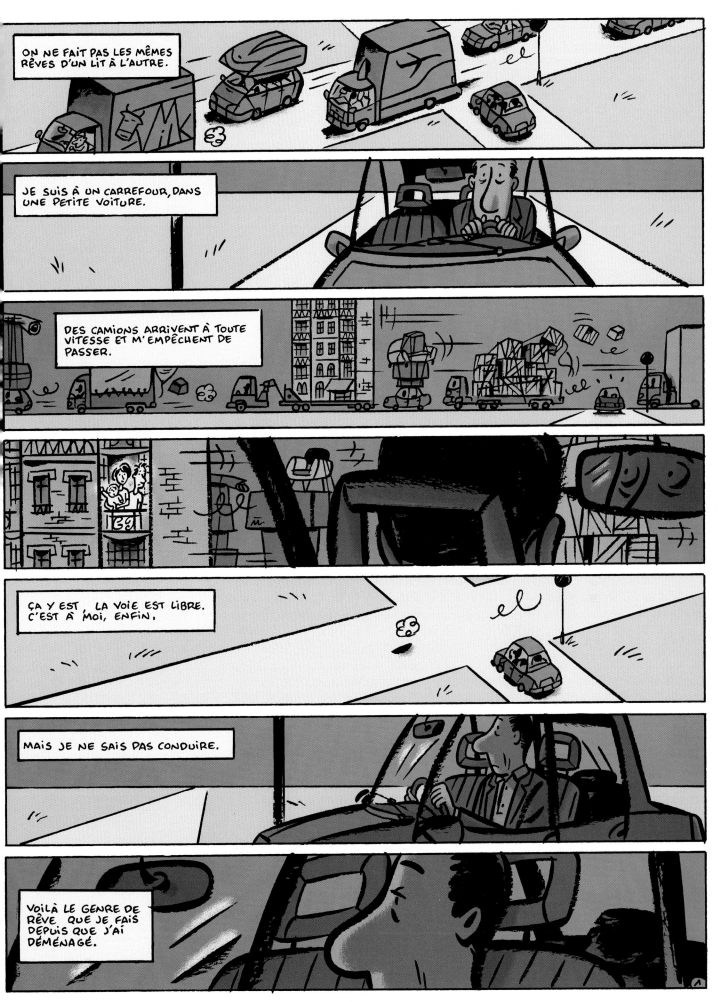

5

8

9

13

14

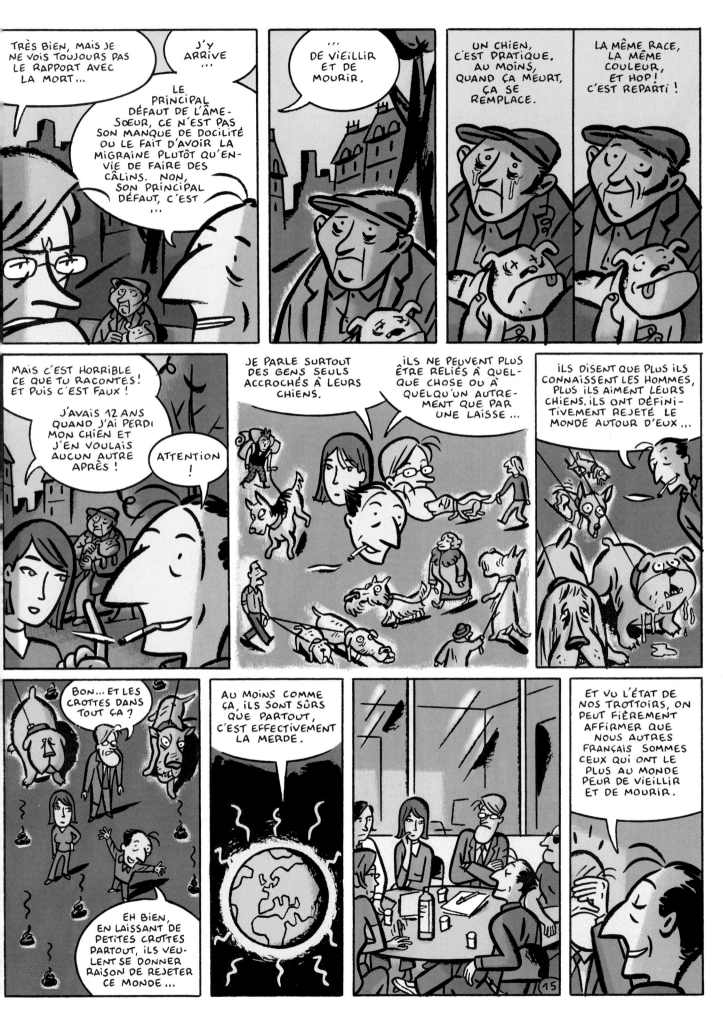

21

23

25

35

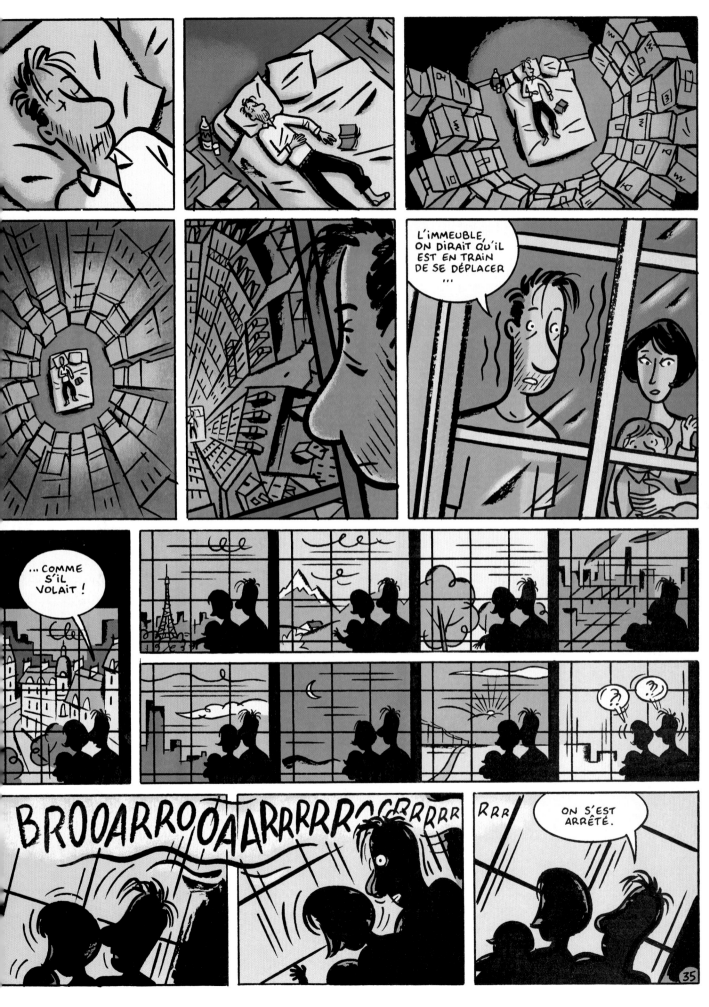

J'AI TRAVAILLÉ LÀ, J'AI MÊME VÉCU DANS L'APPARTEMENT JUSTE AU-DESSUS PENDANT UN MOMENT.

IL EXISTE UNE PARTIE DU CERVEAU OÙ SE CACHENT TOUS LES SOUVENIRS QU'ON VEUT OUBLIER...

AU DÉBUT, CETTE PARTIE DU CERVEAU EST AUSSI PETITE QU'UN POINT. ENSUITE, ELLE GRANDIT AU FUR ET À MESURE QU'ON A DES CHOSES À OUBLIER...

...JUSQU'À PRENDRE LA FORME D'UN LOSANGE.

C'EST UNE SORTE DE TERRAIN BIEN DÉLIMITÉ ET BIEN GARDÉ. C'EST DIFFICILE D'Y DÉPOSER DES CHOSES, MAIS UNE FOIS QUE ÇA Y EST, ON EST SÛR QUE ÇA RESTE ET QUE ÇA NE DÉPASSE PAS.

PARFOIS, ON SE MET AU BORD ET ON REGARDE CE QU'IL Y A À L'INTÉRIEUR DU LOSANGE DES OUBLIS.

ÇA FAIT UN PEU PEUR PARCE QU'ON NE DISTINGUE PAS GRAND-CHOSE ET, EN MÊME TEMPS, ON EST EFFRAYÉ PAR CE QU'ON RISQUERAIT D'Y TROUVER.

AVEC LE TEMPS, SA SURFACE DEVIENT POREUSE. IL Y ENTRE ET IL EN SORT DES CHOSES DE MANIÈRE ANARCHIQUE.

BRUSQUEMENT, ON SE SOUVIENT DE CE QU'ON CROYAIT AVOIR OUBLIÉ DÉFINITIVEMENT...

...ET UN SOUVENIR QU'ON PENSAIT GARDER POUR TOUJOURS...

...DISPARAÎT.

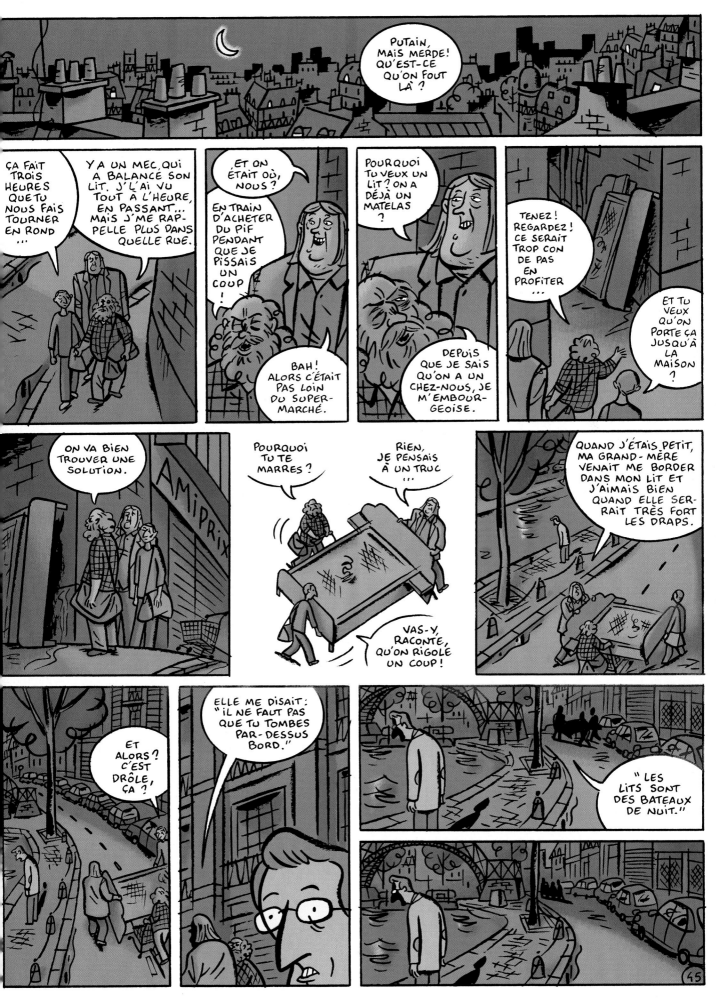

47

TÔÔT!!

TÔÔT

OH LÀ LÀ ! SACRÉE MANIF, HEIN ? ÇA BOUGE PAS !

UNE QUESTION DE Mme PALATINE DE TREMBLAY ...

ON TREMBLE DÉJÀ !

AH AH AH AH

AH AH

LES GENS SONT CHEZ EUX DANS LEURS BAGNOLES.

ALLONS, UN PEU DE SÉRIEUX...

D'AILLEURS, C'EST LÀ QU'ILS SONT LE PLUS CHEZ EUX. DANS LEURS PETITS COCONS, LEURS ŒUFS.

LES VOITURES RESSEMBLENT DE PLUS EN PLUS À DES ŒUFS.

QUESTION DE Mme PALATINE, DONC.

C'EST BIEN QUAI DE LA MÉGISSERIE QUE VOUS ALLEZ, HEIN ?

ON VA ACHE-TER UN CHIEN POUR LE PETIT.

AH OUAIS, LÀ OÙ QU'Y A LES BESTIOLES ...

VOUS POURRIEZ ME LAISSER AVANT, DEVANT LA SAMARITAINE ?

JE VOUS LAISSE OÙ VOUS VOULEZ, MOI, M'SIEU.

OH ! LE DÉGOÛTANT !

VOUS SAVEZ POURQUOI LES GENS FOUILLENT LEUR NEZ PENDANT LES EMBOUTEIL-LAGES ?

47

50

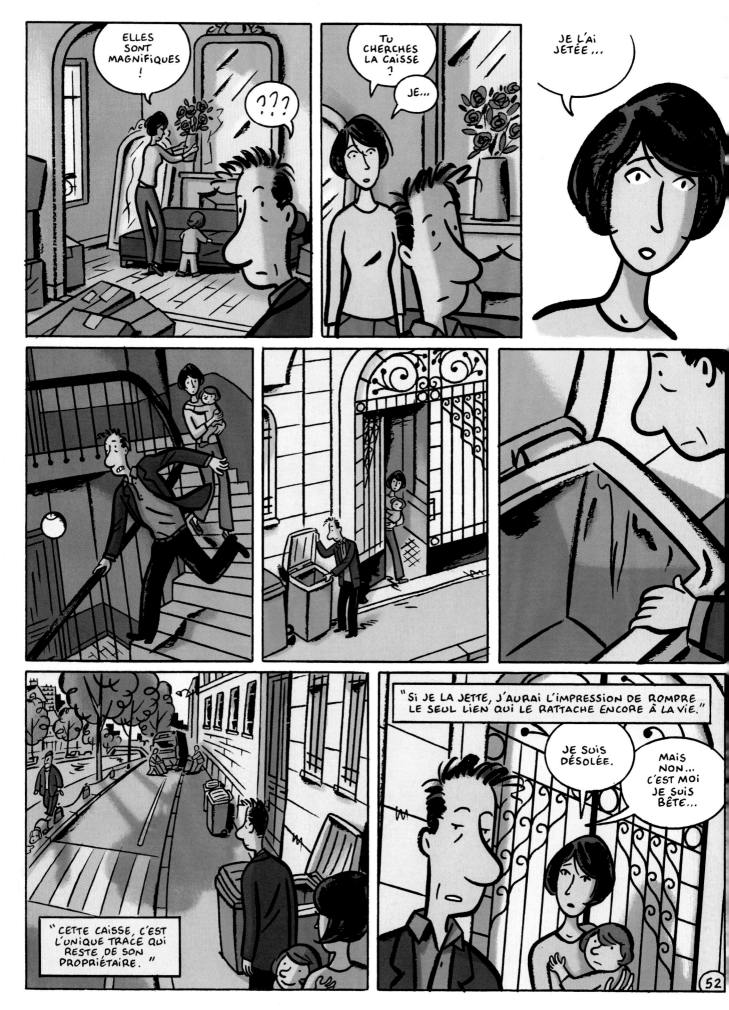

DUPUY-BERBERIAN